JN409424

송형기 제 2 시집

자연처럼 시처럼

도서출판 국보

서문 (두 번째 시집을 내면서)

시간의 먼지들을 모아 마음을 흐르게 하는 나
실력이 모자라 묘사력도 부족하지만
시심과 시상만은 충만한 이팔청춘입니다.
꿈틀대는 나비의 꽃을 향한 노심초사
자아성찰의 기틀이 뚜렷하게 확립되지 못한
뒤틀린 나무는 가지치기를 한 번도 받지 않았어도
작아서 너무 작아서 분재로도 유익하였습니다.
지나온 날들도 아쉬움이 남지만
미래는 어제보다 나아간다는 지향성으로
개성 있는 인생경험과 남다른 가파른 역정이
시로 표현해보려는 저의는 나만의 것입니다.
시의 세계를 진심견수(盡心堅守)하다 보니
〈국보문학〉은 등용의 라이센스를 영광되이 주었고
도기장존(道氣長存)의 화원에 머무르는 혜택을
얻었습니다.

다듬어지지 않은 원석을 다듬어 다이아몬드가 될 때
가공한 연금술사는 보람을 희열로 느낄 때
그건 오로지 정성이었다고 말하고도 송구스러워
내공을 더 다져야겠습니다.
샘물이 마르지 안 듯 솟아나는 시향의 호연지기로
시속에 그림이 있고 그림 속에 율려가 있고
그 율려 속에서 풍류를 더하여 이야기를 만들어 냅니다.
낭만과 자연의 시에도 오솔길을 걸어갑니다.

문학이란 가까이할 수 없는 불가침의 높은 차원이라 말하기보다 단순한 체험적 실체의 기록이었습니다. 시적 풍부한 감수성으로 개성을 표현하자는 감동을 주려는 의도는 어린 기억의 고향 같은 진실과 애잔함이었습니다.

차 례

〈봄의 서곡〉

〈꽃보다 아름다운〉

〈들풀의 노래〉

詩人의 小曲

별보기

시인은
또 다른
별을 보는 사람

붙잡지 않아도
또 다른 이상의 길을
초연히 가는 사람

읽어줄 눈이 없어도
시인은
시를 지어야한다.

시인의 책상

부족함을 안 체 가을날 여문 씨앗으로
시대의 성직자 되어
땅의 소리를 대신하는
촌장처럼 말씀을 지어낼 사람

사략, 통감, 대학, 소학, 중용,
논어, 맹자, 시전, 서전, 주역을 통해
달사, 석학, 박사들이
문화의 세월을 꽃피어 왔어도

시인, 군자, 현인, 성인은
생각 속에 생각을 해내어
스스로 빛을 내는 철을 아는 사람

죽어서 현고학생〈顯考學生〉보다
책상이 너저분해도
살아서 시인 명함하나 얻어 쓰겠네.

※ 지방(紙榜) : 제사지낼 때 신위로 붙이는 고학생부군신위 (顯考學生府君神位)
※ 사서(四書) : 논어(論語) 맹자(孟子) 중용(中庸) 대학(大學)
※ 삼경(三經) : 시경(詩經) 서경(書經) 주역(周易)

-문예춘추 2013, 여름호 발표-

시인의 소심

하늘의 별을 따내려
다섯 개 입체 門을 열고
봄볕에
아름답고 고운 女人
나부끼는 치맛바람을 상상한다.

조금씩 수정이 되어
조금씩 꽃술이 꽃술로 익어
서녘 노을에 피듯
황홀한 감성에 인고의 순간들이
선명한 날줄과 씨줄삼아
생명이 잉태하듯…

시를 줍는 시인의 소심이여!

–문예춘추 2013, 여름호 발표–

시인과 의사

세상에 없는
시 한 수 써놓고
열 번을 고치고도
다시 보면 성형하고픈 자작시

이목구비(耳目口鼻) 멀쩡하지만
사대육신(四大六身) 이상 없지만
오장육부(五臟六腑) 쓸 만하건만
정형(整形)까지 하려드는

시인은
늘 그렇게
의사가 되어
고뇌에 찬 시선으로
세월을 본다.

-국보문학 2013, 6월호, 발표-

시(詩) 찾기

너무 어려운 시는
평범한 사람이 모르고
너무 쉬운 시는
격이 없다 하고
너무 느긋한 시는
하찮아 지고
너무 몰아붙이면
가치 없다하고
너무 예의를 지키면
형편없다하니
시 한 수 만들기가 수고네

그날 쓰지 못한 시는
이루려다 만 아쉬움으로
나는 지금
시를 쓰기 위하여
문화의 계곡으로
자유로운 의지로
시를 찾아가고 있다.

–국보문학 2013, 7월호, 발표–

시인(詩人)의 소곡(小曲)

우연한 만남이
운명의 문을 열어 갑니다.

산을 좋아하는 사람을 만나면
침묵을 배우게 하고

시인 (김영식)을 만나니
자유인 (공정식) 시인을 만나게 합니다.

만남은 이정표가 되어 길을 찾고
인연은 나침반이 되어 방향을 찾아

참새는 아침동창에 시(詩)를 쓰게 하고
석양 노을은 소설(小說)을 쓰게 합니다.

-시작노트-

생명(生命)의 길은 하루일지라도
창작(創作)의 길은 백년(百年)
하루가 백년을 갈지라도
진실의 길을 가는 시인(詩人)들…
김영식 : 고령 성상에 사는 시인
공정식 시인 : 아리랑 움막의 원로시인

-국보문학 2013, 12월호, 발표-

사부님

스승을 만나러 가는 날은
어두운 백리길 밤이었습니다.

스승을 처음 보는 계절은
살을 에는 겨울이었습니다.

스승을 찾아가는 오솔길은
삼십육 방의 서쪽이었습니다.

지금은 낮밤 가리지 않고
봄 여름 가을 겨울 없이 . . .

스승님은
낙월산방에 노닐며
스스럼없이 핀
기다림의 꽃 이었습니까.

-국보문학특집 2013, 12월호, 발표-

詩人의 名言

가야산을 누비며
자생 란을 체취하고
산삼을 확인하며
호랑이를 만났다는
자연 환경 숲 해설사

대가야 역사와
문화 관광의 지킴이
고령의 산증인
이용호씨는 시인입니다.

어떤 이는 시에 심취하고
어떤 이는 주말농장에 포로 되고
어떤 이는 등산에 세뇌 되었습니다.
주저리주저리 잔소리에 집착하고
수다 떠는 틈 사이에 매료되고
고령 더위는 오곡을 키워냅니다.

60가지 희귀 고급 란(蘭)을 키워오던 이용호 시인은 말하기를
"이제 보니 나는 란(蘭)에게 지배당하고 있다는 사실을 깨달았다.
이제는 난(蘭)에게서 해방되었다."

-국보문학특집 2013, 12월호, 발표-

시인의 한 시간

생각이 생각을 만날 때
두둥실 낙엽배 타고
상상의 나래를 싣고

원고지의 바다에
거침없이 지나간다.

작은 보물섬을 만나
희희낙락 놀아도

하려하면 끝도 없고
안하려면 한이 없는
시인의 한 시간

-국보문학 2014, 3월호, 발표-

시(詩)를 쓰는 이유

푸슈킨은
물오리와 교감하기 위해 시를 쓰고
렌스키는
약혼자에게 읽어주려 시를 쓰고
모모는
떨어진 미약한 영혼을 위해 시를 쓰지만

나는
시간을 탕진 않으려 시를 쓰기에
내 현실이 꿈이었다면
그 꿈을 깨기 위한 건
깨달음으로 가기위한 휴식은
허망을 먹는 것보다 낫습니다.

목적과 사랑이 있고
행복과 진실이 있고
낮음의 알맹이가 있어
그들은 나보다 똑똑 합니다.

–국보문학 동인지 2014, 봄 17호, 발표–

시(詩) 한수

새벽에 신문이 오니
열네 장을 다 둘러보고
내 눈에 들어와 남는 건
시한수가 고작이네.

정치경제는 그들이 하는 짓
사회문화는 이들이 하는 꼴
스크렙 하려다보니
남는 건 시 한수 뿐

날아가는 저 백로야
어디가려 서두루나
배가고파 가는 거냐
님 그리워 헤매느냐

우리도 하루를 아껴
거들먹거려도
보도(報道)는 진솔하게 하여
백년 시 한수 찾으련다.

–국보문학 동인지 2014, 봄 17호, 발표–

고수(固守)

순수함을 잃어버릴까봐
남의 글을 읽지 못하였고

모방하려는 마음이 생길까봐
잘난 시(詩)를 외면하였고

객관에 기댈까봐
나의 글만 써왔습니다.

남의 시를 많이 보아야
응용도 지혜도 늘어간다는 것을
시인이 되고나면 알게 됩니다.

시인과 나무

부지런한 시인의 서재엔
책들만 쌓여 읽혀지기를 기다리고

게으른 대장간은 먼지만 쌓여
불쏘시게 없인 지피기가 어렵다.

나무는 나이테가 속으로 나지만
사람의 나이테는 풍채에서 보이고

석류나무는 지질이 못 생겨도
알알이 터지는 석류는 신선이 먹고

대나무는 속이비어도 곧아
오동나무는 봉황만 기다린다.

내 마음

내 마음은
내 눈에만 보이는
나만의 거울

엿 볼 수도
가져갈 수도
잃어버리지도 않는 거울

기화요초 만발한
호숫가 산자락에
행복만 보이는 거울

나만의 그림을
아름답게 그려보는
거울 완성 중…

세상공부 음(吟)

내리사랑

옛날엔 외할머니 댁에 가면
먹을거리 욕심 많아
무조건 많이 먹으려는 내 마음 !!

지금은 외손자 집에 오면
뒤져서라도 차려주는
무조건 많이 먹이려는 할머니마음!!

외할머니께 받은 인정
외손자에게 세 곱으로 갚는
사랑은 내리사랑!!

-국보문학 2014, 9월호, 발표-

시인과 고양이

불고기도 오케이
생선도 오오케이
떡밥은 싫다던 오돌이

아리랑 시인만난 고양이
주인마음은 다 알아도
5년이나 시(詩)를 못 쓰네.

온갖 애교 부리며 졸라도
쥐 쫓고 집지키기 바빠서
시(詩) 배울 틈 없는 얼룩무늬

서당 개는 3년 만에 풍월하고
식당 개는 3년 이면 라면 끓여도
고양이 식탐은 시인도 못 말려

-시작노트-

움막 공시인 의지가지 하던 고양이 이름이 오돌이 가족은 삼형제

시인의 하소연

공즉시색(空卽是色)
즉공시색(卽空是色)

존재하는 모든 참모습은
공일뿐 실체가 아니라

있는 것이 없는 것이고
없는 것이 있는 것이
그 말이 그 말이네

-시작노트-

평생을 시와 더불어 살고 있는 공정식 원로시인께서 옛날에 서예대전에 출품한 반야심경 병풍 붓글씨가 최우수상으로 선정 되었답니다. 시상식에 참석하여 글씨를 살펴보니 "공즉시색(空卽是色)"을 잘 못써서
"즉공시색(卽空是色)"이라 뒤바꿔 쓴 것을 알아차리고
심사위원들도 알아채지 못한 사실을 공정식 시인은 "내 작품에 글씨가 잘못되었습니다." 라고 고백하니 집행부와 심사위원은
"그냥 넘어갑시다. 글자가 빠진 것도 아닌데 자리가 바뀐 것은 괜찮습니다. 그래도 서예는 최고 우수작입니다."

심사위원의 고집은 아무리 잘된 작품일지라도 생소한 사람은 제처두고 문하생이나 지인을 수상자로 선정하겠지만 그런걸 알면서도
해마다 도전하는 신춘문예에 응모자들의 저변확대와 평준화를 위하여
심사위원들은 진실로 내용이 좋은 시를 골라 작품다운 작품을
선정하기를 바라지만 혹시나 하면 역시나 발표는 끼리 끼리로
발표 않기를 바랍니다.

삼합(三合)

산(山)
홍어(紅魚)
연인(戀人)은
세 번 만나봐야
속을 안다.

첫 번은 뜸들이고
두 번은 이해하고
세 번은 맛을 느낀다.

-한국문학신문 2013, 8, 발표-

시(詩)안의 시(詩)

내가지은 삼합(三合)을 남들은 격려하는데
시를 모르던 아내가 야단이다.
"시(詩)가 가벼워 보는 눈이 웃겠네."
질타, 비난, 꾸중, 시비가 심하다.

숙맥이 시(詩)의 맛을 알아간다.
참 좋은 관심과 긍정이다.
이대로 참견하다보면 아내도
내년쯤이면 시인(詩人) 되겠다.

-시작노트-

2013, 8, 7, 한국문학신문에 발표한 (三合)을 아내는 흠을 잡는다.
산(山)은 세 번 이상 가봐야 등산의 속성을 알 수 있고
홍어는 처음 먹을 땐 도망하지만 세 번 먹어봐야 그 맛을 알고
연인(戀人)은 첫눈에 반했어도 세 번 이상 만나봐야 상대의 취향이나
인간됨 기본 성격 인성을 체크할 수 있으니 인간상에 대한 맛을
느껴가며 사랑의 거리감이 좁혀지고 영원히 동행 할 수 있다는 해석

하늘을 다듬은 이발사

하늘을 만나 이야기하고
소중한 산을 구석구석 속속히도
팔만사천 수유마다 소중히 여겨
숨어있는 아름다움을 창작한다.

사람마다 하늘이 있듯
근본의 뿌리 소박한 언저리
촉촉이 내리는 이슬비에
함초롬히 빗어 내리는 내 손결

거칠고 쓸모없는 부분을 떨쳐내어
흠잡을 곳 없는 여래(如來)상처럼
영혼 속에 정령(精靈)을 심어
작고 아름다운 동산의 숲을 이룬다.

오늘도 내일의 행복을 만드는 마음
하늘을 다듬은 고요를 먹는다.

-시작노트-

이발사를 직업으로 50년 전통이발소를 운영하며 손님의 두상을 하늘로 생각하여 하늘을 다듬은 정성과 마음으로 시술합니다. 이발도 예술이며 인체의 가장 소중한 두피를 다듬어 숨어있는 개인의 가치와 멋을 살려내어 손님도 기분 좋고 나도 만족하여 좋은 직업 이발사 천당에 가는 티켓은 받았다.

-국보문학 신인상 2013, 2월호 발표-

연탄

본래가 시커먼 것이
잘난 것도 없이
펑퍼짐 요 모양 요 꼴로
이목구비는 없어도
구멍만 방긋방긋 웃고 있다.

불로 피어나기만 하면
장미보다 화려하기를
비길 바는 없건마는
뜨거운 몸 태우고 나면
할 일을 다 한 황토 얼굴

마음이 진한자여
알고 한 거냐 모르고 한 거냐
가난한 이의 온기주고도
오실 때 고향 다르고
가실 때 고향 다르구나

–국보문학 동인지 2013, 봄, 15호 발표–

고구마와 단팥빵

곱게 늙어 단둘이 단출하게 살면
고구마 한 솥 삶지 마소.
쉬어빠져 못 먹고 버리실라
이웃에 주시려면 세 개만 드리소.
네 개 주면 맛없어 버리실라

손녀에게 사과 깎아 주지 마소
사과 깎기 연습 시키소
네 조각내어 씨방파고 얇게 깎아
동생과 같이 먹으면
우애생기고 얼마나 고마워하나

손자에게 살코기 추려주지 마소.
고기이름 가르쳐주고 발라먹게 하소.
머리꼬리 때면 아무도 몰라

국화빵엔 국화 없고
붕어빵엔 붕어 없지만
단팥빵에 팥이 든 걸 먹어봐야 맛이지

-국보문학 2013, 6월호, 발표-

자장면

하얀 면 가닥에 검은 짜장 비비면
온통 까만 자장면을
호로록호로록 맛나게 잡수신다.

속까지 검어지면 어쩌나
노란 단무지 보름달이더니
한번 베어 먹으면 남은 초승달

빨리 먹으면 쫄깃쫄깃 고소하고
오래 먹으면 불어터지고
느린 이야기는 침고여 흐물흐물

둘이 눈 부라리며 마주보면
입가에 묻은 얼룩 웃음이 가득
배불러 남은 건 검은 빈 그릇

-국보문학 2013, 6월호, 발표-

웃음의 묘약(妙藥)

웃어서 즐거워진다면 웃어라
즐거워 건강해 진다면 웃어라
건강해 행복해 진다면 웃어라
행복해 사랑한다면 웃어라
이 웃음의 가치는 묘약이니라.

참아서 편안해 진다면 참아라.
편안해 만족한다면 참아라.
만족해 화목해 진다면 참아라.
화목해 명예가 온다면 참아라.
이 인내의 속성은 수련이니라.

퍼부어 시원하다면 퍼부어라
쏟아서 개운하다면 쏟아라.
두드려 풀린다면 두들겨라
하고자함이 다하면 풀린다.
이 성질의 근본은 소통이니라.

그러기 전에 먼저 웃어라
그러기 전에 먼저 열어라
그러기 전에 먼저 다가서라
그러기 전에 먼저 손을 잡아라.
이 배려의 성정은 희망이니라.

-국보문학 2013, 7월호, 발표-

걸어라

시작이 끝 날 때 까지
두 다리로 걸어가자

오늘도 목적을 향해
만나지는 시간들은
타고난 운명의 길이다...

누워있는 시간보다
앉아있는 시간이 많으면 다행이다.

앉아있는 시간보다
서있는 시간이 많으면 행복하다.

서있는 시간보다
걷는 시간이 많으면 건강하다.

조금만 더 용기를 내어
걷기위하여 걷지 말고
미래를 향하여 걸어라
내일은 걷는 자의 길이다...

-시작노트-

사람은 직립동물이기에 걸음마를 배우고 성공의 날까지 걸어야한다.
걸어가야만 행복을 만날 수 있고 사랑을 소유할 수도 있고 타고난
건강을 유지하여 사람구실을 할 수 있다.
정지하고 쉬면 행운은 도망치려는 근성이 있다.

-국보문학 2013, 8월호, 발표-

봄의 서곡

계절(季節)

계절을 다시 말해 사시(四時)사철이라 합니다.
철은 봄, 여름, 가을, 겨울이요 한철은 3개월로 1년을
이야기 합니다. 적도지방에선 열대로 더운 지대이고
남극북극지방은 한대이며 지구촌에서 뚜렷하게
사계절이 구분되는 나라는 우리나라 대한민국입니다.
옛 말에 조선은 천민(天民)이며 농사는 사시를 알아야
사시에 맞는 농사를 지어 행복을 유지한다고 했습니다.
고로 농자(農者)를 천하지대본(天下之大本)이라했습니다.

철을 아는 것은 철이 든다는 것입니다.
봄이 되면 씨앗을 뿌려 경작을 해야
가을이면 거두어들이는 추수를 해서
귀한알곡은 내년 씨앗으로 남겨두고
쭉정이는 바람에 날려가고 밥을 해서 먹고
생장렴장(生長斂藏) 사의(四義)로 살아갑니다.

시인(詩人)은 계절을 아우르는 자연에서 사는
위인입니다. 세상엔 계절을 역행하는 철부지가 더러는
있습니다. 봄인 줄 알고 추수하러드는 무례한 사람도
있고 가을인줄알고 씨를 뿌리려는 우둔한 자도
있습니다. 봄은 인(仁)이며 가을은 의(義)인데도 인의(仁義)를 바꾸는 우를 범하는 문외한이 철지난 후회로 철부지를 자인하는 자도 있습니다. 지금은 오합지졸의 경거망동이 아니라 가을 추수에 씨앗(仁)이 되는 성숙되어
가치관의 확립이 필요한 결실기입니다.

봄비

가을비는 북녘에서
갈바람 타고
추적추적 내려
움츠리게 하는데

봄비는 남녘에서
높새바람 타고
도담도담 내려
얼음을 녹인다.

주저리주저리 잔소리로
잠을 깨우는 봄비
매화꽃망울 틔우며
움트게 하는 약이 되어

소복소복 노래 따라
훈훈한 풀냄새로
문 활짝 여는 봄비

—국보문학 2013, 4월호 발표—

봄의 서곡(序曲)

더러워서 동은 다 피해도

겨우내 내버려둔

봄 동은 무시 안 해

얼은 배추
꼴은 볼품없어도
상큼하고 새콤하고
아삭하고 풋풋하여

겉절이로 무쳐먹고
비벼먹고 쌈 싸 먹고
봄소식이 입안에 뱅뱅…

※ 봄동 : 겨울에 밭에 심어두었다가 초봄에 먹는 배추

-국보문학 2013, 4월호 발표-

청 매화 소식

봄은 오솔길 사이로 오나보다
고당봉은 안개로 감싸두었고
사나운 세찬바람만 포효한다.

울타리 막아도 훈풍은 불고
미륵사 명품바위 위압해도
양지바른 자리엔 청매화가 눈떴다.

어디 갔다 돌아왔나 반가운 납매(臘梅)*
굴뚝새 가지 끝에 앉아 매단 꽃
올망졸망 고운 눈은 푸른빛이네.

* 납매(臘梅) : 섣달(음력 12월)에 꽃이 피는 매화

-한국문학신문 2014, 2, 26 발표-

벚꽃 수다

풍성하고 다채로운
여인들의 수다 같이
쏟아진 팝콘 같은
벚꽃의 향연이
박수 받는 환희처럼
흐드러진 고운꽃눈

급할 것도 없건마는
급하게 피었다가
급하게 떠나가는
화무십일홍*을 어찌 알아

꽃송이만 하소연 남기고
아깝게 무상을 실감한다.

* 화무십일홍(花無十日紅) : 꽃은 고움이 열흘을 넘지 못한다.

–국보문학 2014, 4월호 발표–

올봄엔...

봄이 오고 꽃이 필 때
사랑하는 마음하나로
축복하는 마음하나로
마음에 꽃을 피워요

세상이 얼마나 거룩한지
자연이 얼마나 진실인지
꽃이 얼마나 아름다운지
기쁜 마음도 꽃입니다.

다른 소망 뒤로하고
봄을 기다리고 있으면
행복한 웃음이 보여
환한 우리도 꽃입니다.

-한국문학신문 2014, 4, 16 발표-

머위나물

아버지께서
즐겨 잡수시던
쓰디쓴 머위나물

그땐
나 몰라라 했더니
아버지 가신 나이
되어 보니
머위 맛이 당기네.

달래 냉이 씀바귀
고들빼기 민들레
내가먹은 보약 중에

보릿고개 넘어온
그땐 배고파 먹었어도
봄나물 중에
머위는 나이 맛

–국보문학 동인지 2014, 봄 17호 발표–

제비 콩

마당가에 싹 내어
줄기 뻗고 울타리 기어올라
함초롬히 진한 자주색 빛내더니
올망졸망 콩 방인가 팥 방인가
동부도 아닌 것이
작두도 아닌 것이
알알이 잘 익어 곱기도 하여라.

이름 몰라 아리송
아는 이 없어도
꼬투리 안에 5형제 까보니 알겠네.
제비 입을 닮았으니
제비콩 이름 붙여
내 아이 닮은 자줏빛 고운 색
내년에도 너를 기다리련다.

눈뜨기

꽃들의 환상을 벗기까지
10일 걸렸고

사랑에 콩깍지를 벗기까지
1년이 걸렸고

땅 끝을 아는데
10년이 걸렸고

하늘모양을 알기까지
60년이 걸렸고

여자의 마음을 아는데 는
아직도 공부 중…

감나무

세월을 가지에 거느린 체
창공을 향하여 높아지는 감나무

굵고 거친 껍질들이
지나간 우리들의 흔적이라면

이 봄 새롭게 나온 잎들은
살아있음을 증명한다.

수화(水火)로 에너지는 전해지고
생명의 끈기를 보여주는

반복되는 삶속에
깨닫지 못한 하늘과 땅의 소리를
감나무는 듣고 내년을 준비한다.

-시작노트-

소설가 김훈은 "잎들이 소임을 다하고 물러간 자리에 열매와 가지가 돌연히 생명의 경이를 품어내고 있다. 동물적이면서도 살아있는 타악기의 울림을 느낀다."

부추 전

부산말로 정구지
전라도말로 솔
경상도말은 소 풀
표준어로 부추

봄비를 맞으며 자란 풀
초벌은 사위도 안주고
남편먹이는 국산 정력제
빗발처럼 키 자랑하네.

부산말로 찌짐이
경상도말로 부침개
전라도말로 부쳐리
표준어로 전 부쳐 먹으면

가족파티 좋고
별미 한 맛 더 나고
이웃 간에 막걸리 잔치
친구 간에 이바구* 좋다.

-시작노트-

초등학교 교사인 최선생님이 시간 나는 대로 텃밭 가꾸어 한두 번 부추 한 다발을 주고 간다. 방아 잎 홍당무 오징어 썰어 넣고 밀가루 계란 섞어 부침개를 부치면 지글지글 자글자글 혼자서는 맛이 없다. 가족 몫은 남겨두고 친구 불러 이웃모아 막걸리 잔치 녹는다 녹아! 부침개는 뜨거운 때가 제 맛.

* 이바구 : 경상도지방의 방언으로 이야기

봄이 오기까지

단숨에 되는 일 있더냐
더 참고,
기다리라고,
애쓰면 봄은 오는 거야

매화는 봄을 알려
대지를 녹이고
무위(武威)는 고백하여
자연을 살리는데

벚꽃은 수다스럽게 피었다
왜인(倭人)의 근성을 보여주려
그리도 급하게 져가지만
백일을 자랑하는 꽃도 있단다.

통도사 홍매(紅梅)

남보다 이르게 피어
곱기로는 꽃의 진선미(眞善美) 갖춘
널 반겨 옛 임을 그린다.

눈도장 야단법석에
맛선 보는 처녀처럼
수줍어 빨갛게 물들어

연인 같은 홍매
누이 같은 청매
엄마 같은 백매

향(香)을 팔지 않는 매화같이
허투루 사군자노릇마라
봄 채비 서두르는 푸나무처럼
불보살 손 모아 찬미하네.

-시작노트-

춘분이 가까이오니 사진가들이 통도사 경내엔 새벽부터 매화나무 가에
수 십 명 모여 북새통이다. 아무리 야단법석해도 사진은 사진,
사진이 실물보다 낳으랴.

새싹

저절로 오시는 게 봄인가.
바람의 은덕이 흘러
저마다 스스로 열리는구나.

하늘의 온화한 기운은
땅이 녹아 움틀 준비하고
마음은 매임에서 열리었다.

새싹은 눈을 떠 살피고
바람에 춤추며 꽃송이 피워내
서있을 자리를 견주어본다

늘 푸른 상록수야
겨우내 푸름을 지키느라 애 썼구나.
봄은 잎을 내기 위해 바쁘니
이제 허리 좀 펴 거라.

진달래

저산이 불난 듯 빨가니
연분홍 꽃으로 물들여야할
이유를 알았느냐

꽃 먼저 피어 초라한 애처로움
새벽길 서둘러 나들이 가시는
급하신 아버지 같구나.

두견이 못된 짓에도
꽃샘추위에 혼줄 나는
봄 기다리는 염원의 꽃

참말만 하여
순하디 순한 너를
세상이 닮았으면 좋겠다.

봄의 신격화

봄비는 부지런하여
내 할 일을 대신해

대자연에 물을 주고
생명을 내린다.

사람들은 봄에 의존하여
봄의 신격화(神格化)에
사족을 못 쓴다.

어영부영하다가는
봄소식 내 뒤에 숨어버리고
계절이 따라오겠다.

노각

오이가 늙으면 노각
젊음이 늙으면 노인

오이는 풋내
노인은 노련

노각은 금빛
거룩한 노익장

쓰임새 많은 노각
지혜 많은 노인

노각은 사투리가 아니라
노인은 살아있는 역사(歷史)다.

–국보문학 2014, 7월호 발표–

삼복(三伏)

우물가에
두레박으로 샘물 퍼서
웃통 벗어 등목하고
어푸어푸 감탄사 씨부리고*

샘에 담가 둔 수박 썰어
느티나무 그늘아래
대나무 평상에 앉아

도란도란 이웃 나누면
그것이 생각만 해도
더위 쫓는 시원한 여름

* 씨부리고 : 경상도 지방의 방언 (말하다)

-한국문학신문 2014, 8, 13 발표-

적응(適應)

가을하늘이 쪽빛진해지면
겨울이 바람결에 묻어오고
봄은 숨은 율동을 준비한다.

버지니아의 부드러움에도
독한 가시나무가 있었고

극한의 동토에도
생명의 알이 부활한다.

적응하라
진실하라
그것이 사랑이다.

-시작노트-

가을은 자아성숙과 영적발견의 계절. 정리정돈 할 시기이다.
절반을 살아온 자는 남아있는 절반의 후회 없는 만남을 준비해야하고
10년 계획 20년 계획 이라도 세우며 일기 한 토막 짧은 유서쓰기를 준비
해야할 시간

단풍의 서사(敍事)

푸르던 나뭇잎이
꽃을 보았을 때는
벌 나비를 부르더니
산새들의 노래로
전성시대를 지나
단풍 빛 젖어든다.

그리움이 짙어질수록
가벼워지는 단풍잎은
작별의 시간이 오면
바람의 탓으로 석별하고
세월의 그림자가
산적처럼 지나간다.

단풍의 지혜

한철을 살고도
봄부터 너는
화사하게 웃어
고진감래를 다 통했구나.

버려야할 야심은
아낌없이 버리는
가장 거룩한 희생이
가을 이란 걸…

가장 화려할 때
떠나는 낙엽이
곱게 박수 받고
마감 뒤에 다시
뿌리를 덮는다.

-국보문학 2014, 7월호 발표-

동백(冬柏)

얼마나 사랑했으면
사랑의 색깔처럼
진하고도 진한 동백꽃

기다리다
기다리다 지쳐버린
스스로 떨어지는 염원
향도 빛도 그대로인
집착의 더운 핏빛

동박 새만 아는
애틋한 전설을 남기고
허망하게 툭 떨어져
죽어서도 사랑을 전하는 꽃

초겨울 찬(贊)

노란 은행잎이
안타까이
다 떨어지는구나.

바람에 굴러가는 낙엽은
무제(無題)인가
허무(虛無)인가

찬바람 매서이 몰아치면
매무새 가다듬고
내 어깨도 봄이 그리워

길 떠난 계절의 수레는
기약 있는 이별 뒤에
석 달만 기다리라고 말한다.

초겨울

산에 풀벌레들
다 어디로 갔나.

추위에 꼭꼭 숨어
낙엽 뒤에 잠자나

자성을 찾아
동안거(冬安居)*
공부하러 갔나.

허랑방탕 무성한
나뭇잎도 적멸*에 든다.

* 동안거(冬安居) : 스님이 음력 10월 16일부터 석 달 동안 절의 한곳에 모여 수행 하는 일
하안거(夏安居) : 음력 4월 15일부터 석 달 동안 한방에 모여수행하는 일
* 적멸(寂滅) : 일체의 번뇌에서 해탈한 높은 경지로 열반에 듬.

철새

밤사이 연(蓮)잎에 채워진
해밝은 물마시고
청렴하게 살아서
흰옷 입은 저 나그네
어느 산에서 왔다가
어느 바다 넘어 갈까나

낮이면 해 만나
증발 돼 버릴 기억들
낙원은 마음먹기 달렸지
중구절*
먼 길 떠나는 철새는
장소에 구애받지 않는다.

* 중구절(重九節) : 음력 구월구일 명절 중양절(重陽節)
고혼제, 합동제사, 중량제, 중구제, 구구제, 구구절,
단풍이 들어 산에 놀이를 가고 철새가 날아가고
날아오는 날.

꽃보다 아름다운 분

사람은 혼자가 아닙니다.

사농공상에 벗어나면 쓸모가 없다더니 그 말씀이 맞다. 벼슬을 하던지 농사를 짓던지 공장에서 제품을 만들던지 장사를 하던지 네 가지 신분에 벗어나면 백수요 논팽이요 밥 벌레요 쓸모없고 필요 없는 사람 나쁘게 말해 암적인 존재가 된다.

사람은 세 가지 등분으로 구분하여(있어야 될 사람, 없어도 될 사람, 있으나마나 한 사람) 그중에서 꼭 있어야 될 없어서는 안 될 사람이 된다면 그 사람은 만인의 우러름과 존경의 대상이 되어 명예를 가지고 얻을 것이요 있으나마나 하면 사회에 걸림돌이며 방해요소만 되는 것이요 없어야 될 사람은 아무런 가치 없는 평가를 받으면서 지구를 떠나야만 될 사람은 별로 없을 것이다.

누구에게나 똑같이 주어지는 24시간을 잠자는 시간 8 일하는 시간 8 쉬는 시간 8. 어떤 이는 공부하는 사람은 잠을 적게 자고 열심히 공부하여 소정의 진학을 설계하고 쉬는 8시간을 아껴 인사도리나 예의범절에 따른 자기개발을 하고 일하는 시간에 보태면 여유로운 일상생활을 영위하게 된다.

자신은 유일하며 무한한 가능성을 가지고 있지만 어떤 이는 궁상맞게 허덕이며 살고 어떤 이는 여유롭게 살아도 자기의 하기 나름이다.

배려

들고남은 간결하게 하시고
앞뒤 주제에 맞게 사시면

꾸미지 않아도 아름다워
얼굴엔 꽃이 피어납니다.

말과 행동이 같으면
언행일치라 하고

겉 다르고 속 다르면
표리부동이라 하니

배려하고 솔선하면
그것만으로도 사람답습니다.

-국보문학 동인지 2013, 가을호 발표-

미소(微笑)

미소는 부담 없는
한 떨기 꽃망울보다
진한 향기로부터
나에게 다가오는
하나님의 소리
환한 햇빛 이었나…

순박한 만남이
억매임에서 풀어지는
서로의 자유선언이었나…

남극에서
북극까지
전해지는 교류였고
동토(凍土)를 녹여주는
하늘의 입김 이었나…

–국보문학 2014, 1월호 발표–

행복의 노래

그대
잠들어 내는 숨소리가
호수의 파문처럼
들려올 때

나는
그대 호수에 잠겨
꿈속으로
빠져 들어 가서

사랑 부르는
여유로
우리 둘 만의
행복노래에 취합니다.

—아리랑 움막문학 시화전 2014, 가을 발표—

부부(夫婦) (1)

내 아량을 다 주어도
모자랄 것 같아서
하늘에 기도하여
빌려다 드리고픈 사랑!

삼십 고비를 함께 넘고도
부족하고 아쉬워서
보고 또 보아도
다하지 못한 정(情)…

마르지 않는 샘물
꺼지지 않는 촛불
변함없이 보살펴주는
자비로운 꽃 이었나…

믿음하나에 포개진 진실
낙원으로 가는 열차를 타고
관심과 정성 속에서
오늘은 최고의 날이 되었습니다.

희망 사항

부모 복이 많으니
남편 복도 넘치고

자식 복이 있으니
며느리 잘 만나고

이웃사촌 좋으니
동네사람 인정 있고

일가친척 두터우니
손자복도 많으니

친구 간 믿음으로
형제간 우애 좋아
이만하면 만족이네.

관세음보살

삼십년 살고 보니
속 썩는 날 많아도
내 부탁 다 들어주고
가족 뒷바라지 다하며

규제와 잔소리 많던
내 아내 전생에
관세음보살이었음을
살고 나서 이제야 안다.

오십년 참고 살다보면
나도 미륵불이 되어
철학자 다 되어
금혼식잔치 하겠네.

바지그림

육순을 살면서
편지도 안 써본 당신
마음에 드는 옷이 없어
난생처음 바지그림 그렸네.

개량 옷을 주문하니
디자이너가 따로 없네.

유명 화백의 값비싼
유화 수채화 풍경화보다
첫 작품 바지그림
세한도(歲寒圖)보다 멋지네.

바지그림은 보물이 되었으니
더는 아름다워지지 말아요.

금슬(琴瑟)

나는 너를 믿고
너는 나를 의지하고
하나 되어
노나 쉬나 일하나
언제나 같이하며
구만리 가다 보면
우리는 정착지를 찾는다.

더 많은 것도 아니야
더 편한 것도 아니야
이만하면 다행이다
이것으로 만족하자

배려 이해 그것이
우리가 찾은 행복의 비결
요즘말로 노하우
신세대 쓰는 데이터베이스

두 개의 눈

쳐다보는 눈
바라보는 눈
두 개의 개체
영혼의 눈 맞춤은
어루만짐이었다.

마음을 읽어내
사랑을 준비하는
두 개의 하늘
두 개의 개여울이
하나 되는
거룩하고 숭고한
빛…

하나의 선물

나에게 남아있는
생명 같은 하나는
당신을 향한 사랑...

보탬도 없고
빠짐도 없는
오롯이 하나인 진실...

빼앗아가지도
잃어버리지도 않는
소중한 보살핌이...

눈에 보이는 관심
당신에게만 드리는
아낌없이 주는 선물

꽃보다 아름다운

사랑보다 더 좋은 존경
편견보다 더 절실한 인격

건강보다 더 진실한 여유
의지보다 더 긴요한 행복

가정보다 더 필요한 식구
해결사보다 자상한 엄마

자랑보다 값진 겸손
잔소리보다 쉬운 칭찬

친척보다 가까운 이웃
규제 보다 편한 자유

졸업(卒業)

하나의 문을 나서면
또 다른 문을 열고
세파의 물결에 걸어 나가
자기주장을 말하기 시작이다.

머리는 가슴을 이길 수 없어
겨울이면 춥다는 보임
여름이면 덥다는 나타냄

세상을 대신하여
일가견을 정립하여
연습 없는 삶의 개척자로

세월을 관장하고
책임감을 통감하여
제 할 일 다 하는 일꾼으로
인생의 꽃을 피우는
마침이 아니라 시작점 이었다.

대학을 중단하고 시집간 뒤 남매를 다 키우고 13년 뒤 복학하여 만학의 지로 장학금 받아 우수한 성적으로 졸업한 딸 신라대학교 졸업식에서 드리는 메세지

–국보문학 동인지 2013,가을호 발표 –

무릎에 바람난다

나무 같았으면
잎이 무거워도 참아내다가
눈이 내리면 자지러지고

집채 같은 암반이
받침돌 시원찮아
와르르 무너져 내릴 땐 울었지

옛날어르신들이
무릎에 바람난다하면
무슨 말인지 몰라 하다가

그 나이 들어
바람난 무릎에
찬바람 친한 듯 회오리친다.

-국보문학 동인지 2013,가을 15호 발표-

유리지갑

비자금 한 푼 없는 아버지의 지갑
부정한 뇌물 없는 아버지의 쌈지는
유일하게 용서뿐이다.

헌신으로 아침을 때우고
애잔함으로 점심을 삼고
가난으로 어둔 길 돌아오던 저녁

눈물로 막걸리 한잔
아픔으로 소주한잔
허덕임으로 약주한잔

고단한 아버지의 지갑은
가진 거라곤 사랑뿐이며
너절한 시대의 추억뿐이며

당당함을 눈여겨보던 자식들은
아버지를 원망하지 않았고
남의 탓은 하지 않았다.

–국보문학 2013, 9월호 발표–

아버지의 마당

아버지는
이른 아침마다
싸리 빗자루 붓 삼아
하늘의 소원을 받아 내린
남모르는 그림을 마당에 그린다.

부양의 무거운 어깨로
아버지의 마당은 다져지고
울타리 꺾은 나뭇가지로
자식의 글쓰기 연습장이 되었다.

너무도 화창하여
풀 한 포기도 없이
말을 아끼시던 아버지는
못다 이룬 세상을 떠나시고

반세기 지난 지금
아버지의 마음의 마당은
자연처럼 묵혀진 심상에
지금은 시(詩)가 자라나고 있었다.

-국보문학 2013, 9월호 발표-

유전(遺傳)

엄마 안에는
딸들의 성격이
나직이 들어있다.

아들의 기상은
아버지 안에
그윽이 들어있다.

저절로
전해지는 그것이
하늘과 땅의
이심전심(以心傳心)이었다.

–국보문학 2013, 10월호 발표–

효자손

가려운 곳이
어찌 없으랴.

긁어야 시원 하쟈.
참는 것도 지옥 이쟈.

어릴 땐 할머니가
쓰다듬어도 좋쟈

손이 안가면
효자가 긁어 주쟈

-국보문학 2013, 10월호 발표-

엄마의 노래

딸이 속독(速讀)에 입사하면
만나는 사람마다
아이들 속독에 가입하세요.
엄마의 노래는 제비가 된다.

딸이 보험회사 취업하면
아는 사람마다
보험가입 하이소
엄마의 노래는 갈매기가 된다.

딸이 꽃집을 차리면
집집마다 다니며
꽃 사세요. 꽃을 사
엄마의 노래는 꽃 파는 참새가 된다.

–국보문학 2013, 10월호 발표–

식구(食口)

가족은 식구라 안 카더나.
밥 식(食)자에
입 구(口)자 그기 가족인기라

지 입이 내입이고
내입이 지 입인기라

끼니를 같이 해결하는
식솔이 가족 아니 것나

멀리 있는 친척보다
가까운 이웃이 사촌이면
사촌은 가족 아니 것나.

자식은 골백살이 되도
미덥잖은 아이 아니것나
자나 깨나 염려 근심걱정하제
무조건 잘되면 장땡인기라

세상에서 젤 똑똑하고
질 잘나고 야무지고 깨끗한
사람이 식구 아니것나

–국보문학 동인지 2013, 가을 16호 발표–

소임(所任)

그대의 소임은
작고 허튼 하찮은 것이 아니라
지성을 지닌 대단한
가르침의 성스런 길이였다.

지혜의 문을 열어주기 위해
들어주고
이끌어주고
풀어주고
앎을 나눠주는 꽃을 키우는 정원사였다.

그대의 정성으로 말미암아
백년대계를 위한
숨어있는 인재를 발굴하기위해
산 넘고
강 건너
길을 내는 의지의 개척자는
창조의 홍복을 아는 지도자였다.

* 구몬 학습지도사 : 가정방문하여 학생들 개인지도 하는 큰딸의 직업

–국보문학 동인지 2013, 가을 16호 발표–

밥상

우리 손주 강산이 밥상은
아홉 살 아홉 가지*
물까지 열 가지
할머니 잔소리까지
치면 열한가지

잘 먹어야 키 큰다.
골고루 먹어라.
말잘 들으면 착하지
차 조심 계단조심
열다섯 가지

* 아홉 가지 : (밥, 국, 계란, 김치, 김, 샐러드. 멸치복음, 어묵, 수저등)

-국보문학 2013, 11월호 발표-

이웃 (1)

잘 만나면 배부르고
못 만나면 떨떠름한 이웃
깨 볶는 고소한 냄새가
먼 곳의 친척보다 낫다.

앞집 옆집 마음먹은 대로
가화만사성 물씬물씬…

춘하추동 끼리끼리
주거니 받거니 이야기반찬
거리감 부담감 없는 이웃들

길사 흉사 품앗이 하며
나누기 더하기로 손곱아
만사해결 한 턱 권하네.

-국보문학 2014, 2월호 발표-

이웃 (2)

눈만 뜨면 만나지는 이웃은
내 가까운 살아있는 꽃이다.

경쾌하고 환한 얼굴로
거리감 없는 이야기꽃이다.

자기주장 뒤로하고
배려하는 아량은 꽃향기다,

가진 먹 거리 오고 가면
믿음직한 상부상조의 열매다.

길동무,
말동무,
술동무,
주어도주어도 의지가지 한
그것이 이웃이란 인생사다.

–국보문학 2014, 2월호 발표–

이웃 (3)

구멍가게 옆에 있으니
필요한건 다 있고

세탁소 가까이 있으니
옷 버려도 좋고

이발소가 앞에 있으니
가기만하면 미남 되고

건너편 철물점 있으니
아쉬운 건 해결되고

중국집 옆에 있으니
배고프면 배달까지 해주고

멀리 있는 친척보다
가까운 이웃은 사촌이다.

-국보문학 2014, 2월호 발표-

사람 꽃

가장
아름다운 꽃은
사람 꽃

가장
오래 피는 꽃도
사람 꽃

온 시름 녹여
사랑만 넘치는
사람 꽃

밤하늘별은 신비(神秘)의 꽃
순간에 사라지는 나락(奈落)의 불꽃
살아있는 꽃보다
곱고 환한 사람 꽃

–시작노트–

2013, 10, 27 부산의 연례행사로 벌어지는 광안리 불꽃축제를 45분 보면서 초만원 인파 5초 만에 져버리는 허망한 불꽃보다 가족이나 이웃은 내가 사는 동안 기쁨과 행복감을 나누는 꽃이었습니다. 꽃보다 진하고 아름다운 진실과 향기로 나의 존재를 확인해주고 어제의 추억과 오늘의 현실에 만족하고 내일의 희망을 꿈꾸게 하는 사람은 오래오래 지지 않는 향취 있는 꽃입니다.

엄마의 흙 (1)

받아주고 다 받아주고도
봄에서 가을까지
엄마처럼 다 받아주는
땅은 생명의 어머니

흙은 색깔도 맛없이도
장미를 심으면 흙을 먹고
빨간 장미꽃을 피워내고
사과열매는 사과 맛을 낸다.

사랑 씨를 심어
기쁨의 싹을 틔우고
믿음의 잎을 내고
행복의 열매를 맺는
엄마의 흙...

-국보문학 2014, 4월호 발표-

어머니의 기억 (2)

주고도 주어도 부족한 마음
덮어도 감싸도 모자란 정성
나몰라 푸지게 토라져도
어머니는 늘 봄인 것을
모자라도 가슴은 진한 어머니

삼 십리 산을 헤매 땔감 해도
자식들 등 따스하면 오달지고
백리 걸어 조상제사 큰집가도
부족한 효성 내 탓으로 돌리며
배우지 않아도 지혜로우신
사랑뿐인 솜씨 있은 우리 어머니

자식 입에 들어가는 밥이
안 먹어도 배부르다 시며
낮엔 김매고 밤새워 길쌈하고
품앗이 쉴 새 없어도 잠 모르고
자식만 보면 즐거우신 어머니

-국보문학 2014, 4월호 발표-

교육(教育)

너 가는 길이
바른길이냐
그른 길이냐

『. . . . . . . 』

알았으면 가고
모르면 가지마라
어중간하면 더 배워라

-국보문학 2014, 5월호 발표-

자유인(自由人)

그리스인 조르바*는
하고많은 일중에서
애국자에게 나라를 넘겼고

돈 권력 종교 문화는
입신양명의 성공 자에게 주고
평화와 자유를 선택했다.

성철처럼
법정처럼
공정식* 자유인은
무소유의 시(詩)를 쓰고 있다.

-시작노트-

* 〈그리스인 조르바〉저자 니코스 카잔차키스 작 소설 실존인물 이윤기 번역

* 공정식(孔正植) 시인은 한국의 원로 시인으로 후학을 양성하고 문학의 영향력이 많은 불후의 명작을 많이 남겼고 서예, 시(詩), 서(書), 화(畵) 등에 능통하여 타의 추종을 불허하는 독보적 작품발표와 저서를 남겼다. 아무도 흉내 내지 못할 유리, 옹기, 돌등에 글과 그림을 그렸고 국보로 인증한 성균관 대학교에 소장한 공자일대기50폭 병풍은 본인 의 손수 제작한 작품이다. 보릿대 공법을 창안하신 유업을 후계자가 없어 전수를 못시키는 절문에 처해있다. 현재 움막문학의 회장이며 여러 문학지에 작품을 싣는 노익장을 발휘하고 있다.
경남 창원 동읍 덕산 정병산 기슭 아리랑 움막
낙월산방(樂月山房)에서 고양이 세 마리와 작업에 노심초사하고 있다.

-문학세계 2014, 5, 발표-

꽃과 연인

꽃이 환하듯
사람도 그러했으면
나 그대 가까이 다가가리라

꽃이 향기롭듯
마음도 아름다웠으면
나 그대가까이 미소지리라

꽃이 참하듯
생각도 진지했으면
나 그대가까이 마중하리라

꽃이얼을 남기듯
미래도 보람이면
나 그대 가까이 멈추리라

벌 나비 춤추듯
뽐내고 흐뭇하여
가까이 사랑노래 부르리라.

-아리랑 움막문학 2014, 가을시화전 원고-

들풀의 노래

자연은 하나님의 얼굴입니다.
감히 내가 왈가왈부할 순 없습니다.
자연은 놔두는 게
제대로된 자연보호입니다.

자연에서 왔다가
자연에서 놀다가
자연으로 돌아갈 우리
문명은 발전하되
자연은 자연처럼…

애련석(哀憐石)

수많은 윤회(輪廻) 속에
저- 거대한 바위는
그 얼마나 고독하고
얼마나 그리움에 지쳤기에
검게 타버린 애련석으로 서 있나

나 어렸을 때
홀로 가슴 아프게 짝사랑했던
연(蓮)아를 닮았듯
까만 두 눈으로 만났다.

초지일관 만년그대로의 모습
애련함이여!
태고적 향수에 이끌려
삼세가 다하도록
내 영혼 속 만근의 무게로
점점 너를 닮아간다.

-국보문학 신인상 2013, 2월호 발표-

가지나물

무더움이 한풀 꺾인 입추
아내가 밭에 나간다.
아무리 생각해봐도
오늘은 가지나물 먹겠네.

달팽이처럼 다섯이서
뚜벅뚜벅 금정산을 올라간다.
내려올 줄 알면서 가는 이유는
보나마나 점심은 호연지기를 먹겠다.

-국보문학 2013, 4월호 발표-

솜털구름

비가 내린 뒤
하얗게 뭉게뭉게 뜬 하늘
저것이 솜이었다면
울 엄마 물레 돌려
실 빼고 무명베 많이 짜서
헐벗은 사람 하나 없이
입혀도 남겠다.

바람에 날려 가버리기 전에
어서어서 솜이불 만들자
저렇게 하늘가득 떠있는 솜 털
자취 없이 흩어지면
내안에 담겨진 시름이나
엄마향한 그리움이나
따라서 사라져 버려라

–국보문학 동인지 2013, 봄 15호 발표–

야관문(夜觀門)

깊고도 깊은 향
진하고도 진한 맛으로
달문을 여는
야관문에 취하면

얼굴은 앵두 되고
유들유들 피어난
품격 높은 매무시로
이름값 하는 풀이시여

너 자주만나
젊음이 철철
금슬은 솔솔
마음은 넉넉하다.

-국보문학 2013, 5월호 발표-

꽃은...

꽃은
기다림이 진하게 피어난
구름이 가지에 걸려 나부끼는
진실이 환하게 붙어있는
시간의 진액이 솜처럼 묻어 있는
그것이 꽃의 참이다.

바람 소리에 손짓하는 그 꽃이
세월 속에 쉬어가는 쉼터였다.

살아있는 조화로
찬란한 빛으로
물과 불의 만남으로
영광스러운 향연이

원형이정의 산물이며
인의예지의 상징이며
춘하추동의 나래이며
애틋한 갈채요 향기다.
꽃은...

–국보문학 2013, 8월호 발표–

사과

맨살로
탱글탱글
익어가는 사과

부끄러워서
점점
붉어지는 얼굴

다주어도 모자란
속살 풍만한 사과에
예의로라도
예쁜 옷 하나 입혀주오

-한국문학신문 2013, 9, 18 발표-

복숭아

오동포동 살 오른
내 손주 볼같이 예쁜
하얗다가 노르스름
발그레한 복숭아

같이 먹어 더 좋아
천년은 산다 해도
나 혼자 다 먹으려니
맛이 절반 줄었네.

오늘밤은
복숭아 닮은
복스러운 가족모여
오달지게 먹어
맛을 확인 할까나

–국보문학 동인지 2013, 가을호 발표–

진하 일출(日出)

어둠을 사르어 먹는 조화로
허공에 그린 소꿉장난이 아니었다.
용의 몸부림이 동녘에 길을 내어
살며시 내민 하나님의 환한 얼굴이었다.

하늘을 태우고도 서서히 나타나는
해오름은 온 누리 밝은 빛을 던져
살아있는 것들에 생명을 이어주는
나만의 거대한 우주의 창조였다.

만유에 삶을 내려주는 순간에
내게로 와서 붉은 피가 맴돌아
어제 대교에 뜨는 해는 정숙하였고
오늘 간절곶에 솟는 해는 의젓하였다.

산에서 나타나는 해는 지혜로웠고
바다의 일출은 진한 인자함이었다.
흐린 안개사이에도 멈추지 않고
세찬 바람에도 밀리지 않고
성난 파도에도 태양 빛은 순수했었다.

–국보문학 동인지 2013, 가을 16호 발표–

여주*

가녀린 넝쿨로도
여름만 되면 전성시대라고
말라빠진 끄나풀이

여리고도 허약하여
저 높은 곳을 향하여
전진이다

잎으로도 꽃으로도
울퉁불퉁 열매로도
내세울 건 없어도

못난이 도깨비 방망이
아홉 식구 거느린
부자로 등극한다.

* 여주 : 여지(荔枝) 박과의 일년생 만초 열대 아시아 원산의 관상식물
열매는 혹 같은 우둘투둘한 돌기가 많아 흔히 도깨비 방망이라 함
(당뇨에 특효)

-국보문학 2013, 12월호 발표-

칡넝쿨

대지의 주인이
너 아님을 알면서
발악하는 너의 무성함으로...

산마다
나무마다
다 죽이고 저만 살겠다.

모자란 야심이
문어발식 초토화로
그들만의 잔치를 벌이는

위정자처럼
세도가처럼
표리부동 양심불량 한
무소불위 칡넝쿨의 넋두리여!!

-시작노트-

조선 강산 큰일 났다.
산마다 들마다 칡넝쿨이 나무를 감아 질식사 시킨다.
다 죽고 나면 칡넝쿨은 승리의 만세를 부르기 전에 자멸의 늪에 빠질 것이다.

-한국문학신문 2014, 1, 15 발표-

염원(念願)

물은 아이처럼
잠시도 그냥 있지 못해
시시각각 쉼 없이
생각하는 나그네.

넘어서기 위해
낮아지기 위해
순리를 따르기 위해
준비된 객관이다.

굽이굽이 돌고 돌아
우여곡절 끝에
바다에 머무는
염원을 이룬다.

-국보문학 2014, 3월호 발표-

삼각주(三角洲)

니가 있어야할
자리가 아니었다고
떠밀려 내려앉은
뿌리 내리지 못한 부평초

언제
떠나갈지도 모를
내 마음의 앙금들이
표표히 서린 삼각주

모래들의 이야기가
하늘바라기로
꽃이 되었다가
새들의 놀이터였다가

오고가는 물결에
잔잔하게 내려와
더부살이 빌붙어
다시 피어나도 외롭다.

–시작노트–

갈맷길 걸어 하단에서 가덕도까지 일곱 시간 지치고 갈증 나서 낮 모른 이에게 물 한 모금 얻어 마신다. 돌아오는 시간은 버스타고 고작 40분 내발로 걸어 삼각주를 확인하며 10시간 투자하여 문학의 만류인력을 체험할 것이다.

–국보문학 2014, 7월호 발표–

이실직고(以實直告) (1)

나는 이름 모를
들풀보다 무지합니다.

나는 아름드리
나무보다 견고하지 못합니다.

나는 우람한
산보다 높지 못합니다.

이실직고 (2)

농사에 일가견도 없고
천재지변을 감당할 능력도 없고
하늘의 소명도 모르고
땅의 변화도 모르고
이웃의 염원도 모르고
목전지사만 알았습니다.

이실직고 (3)

장점도 부족하고
장기도 모자라고
말주변도 없지만
모나지 않기를
별나지 않기를
미움 받지 않기를 노력하는 중입니다.

-한국문학신문 2014, 8 발표-

메타세쿼이아*

키 크고 올곧은 굳셈이
잘난 체 거들먹거려도
푸른 나무 중에 스타

보드라운 이파리는
말쑥한 미끈함이
흠잡을 데 없어

못생긴 나무 보란 듯
으스대는 자만심이
탤런트 공연 벌인다.

바람이 살랑살랑 불면
키 작은 나무 어루만지며
토닥토닥 용기 주는 배려
애국열사 같구나…

* 메타세쿼이아 : 삼나무 과의 낙엽교목 높이 35m

–국보문학 2014, 10월호 발표–

금정산 낚시터

금정산성 망루에 앉아
태평양에 낚시 드리워
대어를 잡으려하다
대마도가 걸리는구나.

삶아먹지도 못하는 섬
볶아먹지도 못하는 섬
진실도 신뢰도 없는
왜 나라 믿지 말지니

덫에 걸린 침략야욕이
돌부리에 걸려 넘어지는
허장성세 빠지는 구나.

대붕(大鵬)*이 서역에서
도솔천 희소식을 물고
원효봉 의상봉에 내려와
대한민국을 찬미하네.

* 대붕(大鵬) : 하루에 9만 리나 날아간다는 상상의 큰새

시간(時間)

시간은 뒤돌아 볼 줄 모르는 문맹자
지난겨울 무서리에 얼어 죽지도 않고
봄 되어 다시 꽃피고 마네

올여름 무더위에 염병 걸려
더워죽어라 해도
모기도 피해가는 시간

가을이면 풍성한 웃음도 울음도 없이
외로움도 안타고 후회도 없는
바보 멍청이 앞으로만 달리는 병신

지울 수도 잡을 수도 없는
어린 때부터 떨어지지 못한
빈틈없이 달라붙은 내 친구

-국보문학 2014, 10월호 발표-

들꽃 청백리

들꽃은
눈치도 안보는
겸손한 야인(野人)*

기회도 노리지 않고
권세에 빌붙어
아부도 마다하는
청백리(淸白吏)

거센 바람에도
세찬 빗방울도
뜨거운 햇빛도
거뜬히 막아내는
야무진 의인(義人)*

* 야인(野人) : 친 사람 멋을 모르는 시골에 사는 사람
* 의인(義人) : 의로운 사람 정의감이 강한 사람

–문학과 예술 2014, 10월호 발표–

타성(惰性)

연잎이나 토란잎이나
빗방울 굴리기는 마찬가지
타성에 묻히지 않는
나도 그도 매한가지

소신 있는 의인이여
한번 먹은 마음
시작이 그것이면
끝까지 그대로 가라

조변석개하려거든
물에 빠진 낙엽이 되든가
바람에 밀려가는
구름이어라

울타리

무궁화로
울타리를 만드는 나라는
벚나무를
보호할 이유는 없습니다.

주객이전도 되어
괄시 멸시 깔봄 업신여김
과오도 모르고 까불면
극단적인 욕이 나옵니다.

영원한 무궁화보다
십일도 못 채우는 벚꽃
둥치로 깔아뭉개는
안하무인 같은 섬나라

여지없이 벚나무를 파내고
무궁화 꽃만 심어
한복의 고운 자태로
열도는 목멘 개가 됩니다.

들풀의 노래

담장틈새에 자란 들풀이
젖지 않고 피는 꽃이 있으랴

다들
비에 젖어 짓밟히고
바람에 흔들 릴 때
씨앗은 알알이 여물어간다.

뜨거운 태양이 시련을 주어도
엄동설한의 찬바람
감당할 힘 겪음을 넘어
지금 주어진 들풀의 노래
아! 나보다 장하도다.

오디

둥치는 미끈하고
푸른 잎은 데쳐먹고
하얗다가 빨갛다가 검은 오디

뽕따서 누에주고
오디 따서 임을 주고
상황 따 고질병 치료하고

검어도 달콤한 맛
한주먹 따 먹어보니
시치미 때도 속 보인다

거짓말 빈말 허튼소리
부정부패 뇌물 비리 정치인들
혓바닥에 이실직고 나면 좋겠다.

앵두

외로움 타도 나무는 잎 피고
사랑을 기다려도 가지는 꽃피워

부끄러움 저리 많아
살며시 꽃으로 가리고
여름은 어찌 알아

동네 고운 붉은 입술모아
송알송알 흐드러진 앵두선물

눈에는 평화를
입에는 달콤함
귀마다 자연을 담아주는
앵도(櫻桃)는 희생의 열매

섬(島)

섬은
세월을 기다리다
하늘빛으로
만나 다듬어간다

새들의 소식을 듣고
〈십오소년표류기〉의
이상실현을 상상하여

파도의 달램으로
선채로 잠들어도
별들의 아드레날린*이
유성처럼 쏟아진다.

* 아드레 날린 : 교감신경을 자극하여 심장이나 혈관의 수축을
높이는 호르몬

연화도(蓮花島) 등반 2013, 11, 26 통영에서 배타고 40분

일몰(日沒)

석양의 고즈넉한 서녘 하늘
황혼의 빨간 노을은
햇빛이 하루를 살고 간
여한 없는 저 일몰이여!

마감을 낙조로 고(告)할 때
내 전성시대와 같구나.

저 장엄한 자연의 그림
눈으로 보고 새기고
빠져도 아깝지 않을 느낌

내일 여명으로 다시 만나
소리를 보고 냄새를 가려내
환한 회상을 내려놓고
기억도 살아났다가 져 간다.

–시작노트–

시청촉미관음후각 : 시(視) 눈으로 보고 청(聽) 귀로 듣고 촉(觸) 피부로 느끼고 미(味) 맛을 알고 관음(觀音) 소리를 보고 후각(嗅覺) 냄새를 가려낸다.

송악 넝쿨

1)
처음엔 하찮은 너일지라도
과소평가를 거부하는 너
점점 진실한 자신이 커져갈 때
젊음이 넘치는 백만 호위병이
거친 벽에 무성한 진을 치고
아무도 점령 못할 담장이었다.

2)
조심스럽게 전성시대를 숨겨온
때론 바람 불고 비 내리고
뜨거운 햇빛에 그슬려도
메마른 현실을 이겨낸 인내심
송악은 한 치의 물러섬이 없이
도도한 군중의 함성은 평등이었다.

3)
찬바람 불기 전 까지는
천년을 사는 의지를 보여
태평성대의 나라는 건재하였고
고난이 서리서리 내려도
공명정대 무편무사의 심판으로
한겨울 무서리를 참아 기다려 낸다.

차오름 산

늘 그리던
정병산에 올라보니
소원하나 풀었네.

창원 / 마산
진해 / 김해를
하느님처럼
굽어 어루만져본다.

올라갈 때도
내려올 때도
숨이 차오른 정병산이여!

-시작노트-

2013, 11, 5 창원 동읍 정병산(精兵山) 기슭 아리랑움막문학회 시화전 개최 진영휴게소 앞에 장군처럼 버티어선 우람하고 부티 나는 정병산(650m)을 드디어 오늘 새벽에 올라가니 소원 풀었네. 오름길은 하도 가팔라 차오름이라 이름 지었고 지팡이 할 만한 게 옷 나무 밖에 없어 그냥 올라 보니 정상에 산국화 한 송이만 외로이 피어 길손을 반기는데 가을엔 여행가려 마음먹었어도 가을이 와 정병산에 올라보니 창원, 마산, 진영, 김해, 진해까지 다 보이는 공원이었다.
움막문학회에 당도하니 조무래기만 따주는 감 밭주인 "이기나 깎아 자시소 잘난 건 팔고 못난 거나 묵는기라" 낙월산방 원두막엔 진수성찬 점심 파티 야단이다. 산은 높아야하고 계곡은 깊어야하고 홑 산은 재미없고 첩첩 산이라야 명산이라지.

배내골

바람은 절로 불어 공기는 청정하고
굽이굽이 산굽이에 가지가지 산나물

풍성한 인심으로 무르녹는 낙원
해지면 일찍 자고 해 뜨면 일어나
하늘보고 사는 자리

세상은 야단법석이라도
하늘이 감추두니 걱정없고
약수 한잔에 무병장수하니
무릉도원 십승지지 마땅하네.

작품해설

송형기 제 2 시집 “자연처럼 시처럼”

인간(人間)의 순수(純粹)와 자연(自然)의 미학적(美學的) 추구(追求) 시(詩)의 향기(香氣)

작품해설
아리랑 움막문학회 공정식(孔正植)
(시인. 한국문인협회 지역의원)

21세기의 전환기를 맞이하면서 우리는 우리의 미래에 대한 각별한 희망과 절망의 모순적으로 경험과 살아 온지가 오랜 세월 속에 시간이란 참으로 놀라운 것이기에 모든 새로움을 어느새 낡고 늙은 것으로 익숙한 것으로 만들어서 버리고 인간으로 하여금 또 다른 세계관을 꿈꾸면서 분주하게 하고자하는 이상세계(理想世界)를 그리는 지난날 경험을 통해 전통적(傳統的) 일부가 일부가 되기보다는 일시적인 유행에 숨 가쁜 교체를 가져오면서 모든 문화적(文化的) 약동에 침몰하다가 단명으로 끝나는 운명이 될까봐 현실을 직시하는 태도가 필요한 현실이 아닌가 생각한다.

우리는 이럴수록 새로움에 대한 조급한 마음보다 익숙해야하기 때문에 앞만 보고 생각하면서 가는 자세가 되어야 한다. 모든 사상(事象)들에 대한 새로운 마음으로 새로운 것을 관심 있게 회복하는 일은 온고이지신(溫故而知新)이라는 정언을 빌리지 않더라도 긴요하고 정당하고 상상력의 세계를 통찰하고 새로운 언어예술(言語藝術)로 승화시켜야하며 따라서 최근 서정시(抒情詩)에 나타난 새로운 시에 대한 의미 탐색도 중요하지만 이미 옛 시인들의 축적을 거친 경향에 대해서 재해석하고 그들로부터 우리는 새로운 혜안(慧眼)을 얻는 것이 소중한 일이 아닐까 생각한다.

시적(詩的) 경향이 있다면 그것은 당연히 생태학적 상상력이라고 생각된다. 자연적(自然的) 생태적 상상력이란 인간적인 시학이라든가 Feminism(여성해방론 남녀평등권주의)혹은 자연스스로 주체가 되는 어법(語法)들을 통해 그 구체적인 시적 육체를 드러낸 흐름을 보고 있다. 이와 같은 움직임과 그에 따른 구체적 성과는 우리 시대의 첨예한 지적(知的) 논리적(論理的) 과제에 대한 문화적(文化的)응전으로써 여러 면으로 보아 긍정적임을 볼 수 있는 현실적 내면에 내제된 미학(美學)이 보다는 시적(詩的) 명상과 상상력의 한부분임을 엿볼 수 있다고 생각된다.

그러나 알다시피 생태학적 상상력과 자연에 대한 상상력 인간에 대한 상상력이 모두가 어떤 시간과 공간이 지난 후 그 평균적 범속화와 소재주의의 범람이라는 부정적 경향을 노출하기에 이른다.
감각과 감정의 인식이 그것을 지각(知覺)하면서 새로운 미적 좌표를 그리지 못하고 단순하게 자연을 완성하거나 부정적 경향을 노출하기에 쉽다고 할까 단순하게 자연을 완성하거나 반문명의 포즈를 극대화하는 어법이 줄곧 나타나기에 이른 것이 오늘의 현실이라 생각된다.

사유적(思惟的) 방식은 인식론적(認識論的) 방법론적 정미(精微)함에 대한 시사적 요청에 직면한 상태인데 이런 점에서 최근 시인들이 행하고 있는 생태적 사유의 파장은 매우다양하고 의미 중첩적 인데 우리가 계절마다

읽는 생태적 사유(思惟)의 시(詩)편을 역시 한국문단에 만연해있는 이 같은 우려를 불식할 수 있는 새로운 안목과 방법을 보여준 시편들이 모두가 시사적이라고 생각한다.

인간을 철저히 배재한 일종의 환경으로 자연을 한정하는 생태적 사유방식이 한계는 매우 명백하다. 인간을 배재한다든가 한술 더 떠 염인증(厭人症) 가까운 인간 혐오를 보인다든가 대안없는 문화비판을 반복적으로 양산한다든가 하는 것이 언어(言語)와 서정시(抒情詩)의 실질적 주체인 인간에 대한 심층적(深層的) 사유(思惟)를 결한 것이기 때문이 아닐까 생각한다.

인간은 자연과 함께 역사(歷史)와 삶을 꾸려가는 공생(共生)적이요 주체이다. 그저 내몰려야할 대상이거나 관찰에 머무르는 관소자가 아니다. 감각(感覺)의 내밀성을 통해 머리에서 새로운 창작(創作)이 용솟음치는 송형기 시인의 어린 시절 기억에 젖어 형상화를 해온 시인의 창작은 그런 점에서 주목할 만하다.

(눈뜨기)
꽃들의 환상을 벗기까지
10일이 걸렸고

콩깍지를 벗기까지
1년이 걸렸고
하늘모양을 알기까지
60년이 걸렸고

여자의 마음을 아는 데
아직도 공부 중...

위에 시의 감각은 내밀성을 통해 가슴에서 새어나오는 생각의 원리를 집중적으로 형상화해온 시인의 창작은 매우 서정적이면서 서사형태 사유를 근저에 둔 작품이 아닐까 곧 인간과 자연을 아우르는 시선에서 상상의 충실성을 통해 재현하는 인간과 자연의 공생의 원리라 생각해본다.

(통도사 홍매)
여인 같은 홍매
누이 같은 청매
엄마 같은 백매

향(香)을 팔지 않는 매화같이
허투루 사군자 노릇마라
봄 채비 서두르는 푸나무처럼
불보살 손 모아 찬미하네.

이 작품에서 시인은 매화(梅花)를 바라본 시의 세계는 그다지 신기하거나 놀라운 것은 아니다.
그러나 시인은 이런 사소한 발견을 통해 우리가 잃어버린 마음의 유적(遺跡)이자 샘임을 말로 시를 창작함이며
매(梅)란 그 자체로 얼마나 약동적이고 생성적이며
근원적인 생명의 숨소리인가

이 작품에서 시인이 바라보는 사물들의 움직임 또한 시인의 자신이 생을 다해서 불멸(不滅)의 근본을 찾아내고 현실화하고 이것이 유심조(唯心造)에서 불보살(佛菩薩)의 선정(禪定)에 얻은 자아발견(自我發見)이란 상상력의 한 모형을 담아낸 작품으로 생각한다.

– 연인 같은 홍매
누이 같은 청매
엄마 같은 백매 – (통도사 홍매)중에서

시공(時空)의 역류(逆流)이라할까 일상에서 흔히 마주치는 것들 속에 담겨있는 시간을 거슬려 읽는 새로운 독법(讀法)에서 우러나오는 말하자면 시인자신 나이 많은 누이. 어머니의 행위를 통해 시간적 공간적으로 거슬려 이미지의(image) 상상력에 생리와 행위 그 자체로 자연적인 것이기도 하고 송시인은 의도적으로 그렇게 관찰한 결과이기도 하나 시인의 일상적인 삶속에 가장 중요한 시적 대상으로 삼고 있다는 것을 시작품 제목을 봐도 확인하게 알수가 있는 사항이다.

시집에 수록되어있는 차례대로 그 예를 들면 다음과 같다.

(초겨울)
(철새)
(동백)
(단풍의서사)
(단풍의 지혜)
(사계절의 노래)
(솜털구름)
(울타리)
(복숭아)
(배내골)
(들꽃 청백리)

자연에서 일상적인 삶과 직접적인 연관의 작품에서 삶의 모습과 순수한 image가 접하게 되는 신선하고 충실하게 형상화하고 있다는 것을 생각한다.

(울타리) 중에서
무궁화로
울타리를 만드는 나라는
벚나무를
보호할 이유는 없습니다.
주객이 전도되어
괄시. 멸시. 깔봄. 업신여김.
과오도 모르고 까불면
극단적인 원성이 나옵니다.
영원한 무궁화보다
십일도 못 채우는 벚꽃
등치로 깔아뭉개는
안하무인(眼下無人)같은 섬나라
여지없이 벚나무를 파내고
무궁화 꽃만 심어
한복의 고운자태
열도는 목멘 개가 됩니다.

이작품속에 무궁화와 벚꽃 사이에 거대한 이념(理念)의 대립이 전면에 등장하게 된 주제(울타리)는 중요성이 부각된 사실을 우리는 다시 한 번 나라꽃의 사랑과 고귀한 서사시에 중요한 주제(울타리) 이 작품은 일상적인 삶의 치열보다 국가(國家)의 민족적 상징인 나라꽃 무궁화를 초점을 맞추고 있는 것은 왜구들의 꽃 속에서 춤을 추고 희희낙락거리는 것을 봄이 오면 여의도에서, 윤중로에서, 진해에서, 전국방방곳곳에 일본국화 "사쿠라" 그늘에서 미쳐 날뛰는 이 나라 백성들 현미경으로 알아봐야 할 것이다.

애국심은 어딜 가고 있는지 이 시를 통해서 우리민족의 삶의 의미를 깊이 있게 생각할 것을 이 시적(詩的)으로 표출하고 있는 것을 의미를 알아야하며 송시인의 시에서 현대성이 부각되는 것은 민족(民族)의 삶이 본질(本質)적인 측면은 애국(愛國)하는 내 나라꽃 무궁화는 민족의 표상이요 민족의 혼을 살리자는 절규가 아닌가 생각한다.

– 서 있는 시간보다
걷는 시간이 많으면 행복하다
미래를 향하여 걸어라
내일은 걷는 자의 길이다. – (걸어라)중에서

송시인은 일상적인 삶에 내재되어있는 (걸어라)에서 의미를 참고 참은 데서 오는 정신적(精神的)인 삶의 고통과 건강한 신념(信念) 그만큼 엄정한 것이 아닌가 일상적인 삶이 늘 분주하게 활동하지 않으면 자신의 삶이 제대로 유지할 수없는 힘든 것이 아닌가 또 이를 잘 넘어야하는 굳은 투지력으로 현실을 개척해야 된다는 의지력에 윤택할 시의 세계를 바라보는 삶이 아닌가 생각한다.

인생의 삶이란 그냥 훌쩍 뛰어 넘을 수없 듯이 한발 한발 연속의 노력하는 곳에 흔적을 맛보는 보람이 아닌가 삶과 시작(詩作)밖에 모르는 수중하고 엄중한 송시인의 시 찾기에 게으르지 않았다는 것을 보여주는 시(詩)다. 막히지 않고 시를 통해 인생항로의 과정에 무수한 난관을 이겨내고 예기치 않은 지뢰처럼 보이지 않는 곳곳에 은밀히 도사리고 있기도 하고 어떤 경우는 질주해 가는 탄탄대로를 불쑥 막아서는 장애물이기도 한 송시인의 아픈 사연 속에 (하늘을 다듬은 이발사) 이런 철학과 비전의 시인이라고 생각한다.

– 마음이 진한자여 !
알고 한거냐 모르고 한거냐
가난한 이의 온기주고도 – (연탄)중에서

연탄이 주는 온기 송시인은 여기서 역동적인 일상적 삶이다. 시에는 역동성이 상실하면 삶의 구체적 내용과 생명성을 (연탄)이란 열기를 채울 수없는 정지된 존재들에 불과한 것을 혼 불같은 연탄의 열처럼 이 시에 표현과 같이 생명성을 표출하고 있다.

송시인의 생활 속에 삶의 깊이를 언제나 변함없는 진실을 표현하고 있다.

송시인의 (자연처럼 시처럼) 삶과 자연 그리고 인간주류를 엮어 인간의 가슴속에 잠재된 삶의 고뇌와 자연에 대한 신비(神秘)에서 온 미학적(美學的) 추구(追求)를 끊임없이 창작(創作)의 꿈을 송시인의 시적 본질에 자연에서 본 철학(哲學) 삶에 대한 비전 우주관이 내포되어 치밀하고 간결한 시인의 의식관(意識觀)이 독특한 개성과 담담한 영상적 언어를 삶을 녹아나는 슬픔과 연민 그리움과 사랑과 기다림으로 가꾸어온 시다.

– 산마다
나무마다
다 죽이고 저만 살겠다
모자란 야심이
문어발식 초토화로
그들만의 잔치를 벌이는
위정자처럼
세도가처럼
표리부동 양심불량 한
무소불위의 칡넝쿨의 넋두리여! – (칡넝쿨)중에서

– 세상은 야단법석이라도
　하늘이 감춰두어 걱정 없고
　약수한잔에 무병장수하니
　무릉도원 십승지지 마땅하네 – (배내골)중에서

– 들꽃은
　눈치도 안보는
　겸손한 야인
　기회도 노리지 않고
　권세에 빌붙어
　아부도 마다하는 청백리
　거센바람에도
　세찬빗방울도
　뜨거운 햇빛도
　거뜬히 막아내는
　야무진 의인 – (들꽃 청백리)중에서

여기 작품들 내용은 "위정자처럼" "세도가처럼" 내면의 흐느낌과 자연과 인간의 "양심불량" 다양한 모습에 비열감을 느낀 친화감에 끌리어 탐미적 언어를 예찬하고 "세상은 야단법석" "하늘이 감추어두니 걱정 없고" 두려움과 자유로움의 대립관계에서 대상을 구체적 형상화시킴으로써 시적(詩的) 의미를 더욱 깊게 하고 사색적인 시어(詩語)로 자연에 자유롭게 대립 확산하고 있다.

– 기회도 노리지 않고
　권세에 빌붙어
　아부도 마다하는
　청백리 – (들꽃청백리)중에서

그것의 두려움이 상반된 개념으로 시의 이미지가 강렬하게 명멸한다. 송시인의 시속에는 자연 속에 인간의 삶을 조화롭게 탄탄한 세계(世界)를 구성하고 자연스럽게 우리말 순수어감에 정겨움이 설레 인다. 자연 속에 파묻혀 삶의 결정체를 불어넣어 교감토록 하는 순수한 지적이다.

그러나 간결한 운율로 표현했으면 했고 더 생동감이 그립다. 송시인의 인생역경의 토대로 살아온 역사의 토대로 민감한 사고의식을 십분 발휘하여 이 시대가 요구하는 훌륭한 별이 되기를 진심으로 바란다.

공정식 (시인. 한국문인협회 지역의원)

甲午年戊辰八月

慶濟蒼生

所願成就

釜山市金井區書富路四十九

玉山 宋亨起 伏祝

자연처럼
시처럼

지은이 | 송형기
발행인 | 임수홍
편　집 | 김형수
디자인 | 공정식

초판 인쇄　2014년 12월 16일
초판 발행　2014년 12월 19일

펴낸곳 | 도서출판 국보
주 소 | 서울시 강동구 양재대로114길 32 2층
전 화 | 02-476-2757 / 476-7260
팩 스 | 02-476-2759
이메일 | kbmh11@hanmail.net
홈페이지 | http://cafe.daum.net/lsh19577

값 10,000원
ISBN　978-89-93533-94-1

「이 도서의 국립중앙도서관 출판예정도서목록(CIP)은 서지정보유통지원시스템 홈페이지(http://seoji.nl.go.kr)와 국가자료공동목록시스템(http://www.nl.go.kr/kolisnet)에서 이용하실 수 있습니다.
(CIP제어번호: CIP2014036458)」